und für Andi

UTA JARA

Murmeln für Matteo

Covergestaltung, Satz und Layout: Alireza Hashempour, unter Mitwirkung von Uta Jara
Vor- und Nachsatz: Alireza Hashempour
Handschrift: Uta Jara
Projektberatung: William E. Ford

Druck und Bindung: siblog GmbH, Dresden

www.das-blaue-A.de

Die Deutsche Nationalbibliothek verzeichnet diese Publikation in der Deutschen Nationalbibliografie; detaillierte bibliografische Daten sind im Internet über http://dnb.dnb.de abrufbar.

ISBN: 978–3–9823934-5-2

Alle für dieses Buch verwendeten Papiere (f.color linear bzw. Napura Khepera sowie Munken Pure Rough) zeichnen sich durch ihre Umweltfreundlichkeit aus und sind u.a. FSC-zertifiziert.

Da Englisch bei so vielen meiner Tätigkeiten und in manchen der Freundschaften, die ich in den letzten Jahren geschlossen habe, unsere gemeinsame Sprache ist, flattert ab und zu eine Idee in meinen Kopf, die (wenn auch mit einem wahrnehmbaren Akzent) Englisch spricht.
Daher wollte ich gerne auch zwei englische Texte in diese Sammlung aufnehmen.
Und ich stelle mir vor, dass es sich für den, dem dieses Buch gewidmet ist, richtig anfühlen wird, hier auch Grüße in der Fremdsprache zu finden.

Since in so many of my activities and in some of my friendships English is the language we share, it is no wonder that every now and then an English speaking idea (with a hint of an accent, of course) flutters into my head.
Therefore, it felt right to include into this collection two texts that were written in English.
And I imagine that the one to whom this book is dedicated will appreciate finding, among my greetings, some in a foreign language.

Dank

Thanks to Marco Tullio Giordana, whose film “The Best of Youth” (“La meglio gioventú”) has been accompanying me for such a long time.
It was by thinking about Matteo that I began to write. – É lui che mi ha fatto questo regalo. – Grazie!
Danke an Ulrike Maushake und an Herrn M. Fekecs für die Ermutigung.
Thanks to Dr. Clare Johnson for her inspiring workshops and for her “Lucid Writing Method”, and thanks to my “Muse Mates”, whose encouragement has been so important to me, more than they might know.
Danke an Nina Blazon für die nährenden Seminartage.
Danke an meine wunderbare, einzigartige Lektorin Birgit Jäger für das enorme Engagement, für das feine Gehör und für den schönen Schwung, den sie in unsere Besprechungen brachte. – Und hier können Sie sich bitte noch mindestens drei Seiten mehr vorstellen, die mir ein wenig mehr Raum gäben, um wenigstens annähernd

zum Ausdruck zu bringen, wie fein ich dieses Gehör und wie schön ich diesen Schwung finde – und wie sehr ich mich von diesem Engagement beschenkt fühle!
Thanks to my amazing editor Laurel Thomson for the deep listening. – It was a pleasure to work with you!
Danke an Steffi für das Probelesen einiger Texte, für die Beratung in mehr als einer Frage – und für das schöne Licht!
DANKE an meine Eltern, die mit dem Herzen zu lesen wissen.
Vielen, vielen Dank an Alireza Hashempour für die Gestaltung des Buches mit so viel Einsatz und Sorgfalt, Ideenreichtum und Feingefühl!
Danke an Bill und Alireza für all unsere Besprechungen in so schöner Atmosphäre. Ich freue mich so sehr, dass wir Kollegen und Freunde geworden sind!
Und ein ganz besonderes DANKE SCHÖN – das ich Sie bitte, sich in großen, bunt leuchtenden Buchstaben vorzustellen – an William E. Ford, durch dessen warmherzige, vornehme und überaus großzügige Unterstützung dieses Buch erst möglich geworden ist.

UTA JARA

Murmeln für Matteo

Am Anfang

Sandiger Boden, hier und dort halbvertrocknete Grasbüschel,
hier und dort ein paar kleinere Felsbrocken, etwas Gestrüpp,
und inmitten dieser Ödnis erhebt sich,
gemauert aus hellem Sandstein, ein Buchstabe.

Ein Buchstabe, der ein offenes Tor ist, eine sicher stehende Einladung,
eine Einladung an mich, durch ihn hindurch zu gehen,
und eine an den Wind, von der anderen Seite
durch den Buchstaben hindurch zu wehen,

über dessen Innenseiten und Mittelsteg zu streichen
und etwas von dem erklingen zu lassen,
was hinter dem Buchstaben beginnt.

An den Innenseiten des Tores gemeißelte Reliefs,
die ich von Zeit zu Zeit erneuere, nachbessere oder zerstöre,
die an einer Stelle verwittern und langsam zerbröseln,
während ich sie an einer anderen Stelle verfeinere,
und diese Reliefs formen den Klang des Windes,
wenn er durch das Tor hindurch weht,

so wie auch die Temperatur des Steines,
der mal regennass, mal sonnenwarm ist,
den Wind je anders klingen lässt.

Es hat mich einige Zeit und Mühe gekostet zu lernen,
an den behauenen Sandsteinquadern hinaufzuklettern,
die Einbuchtungen, Erhebungen und Fugen zu nutzen,
um auf den Mittelsteg des Buchstabens zu gelangen.
Und wozu all diese Mühe?
Um auch die Reliefs dort oben zu betrachten
und auch sie von Zeit zu Zeit erneuern zu können.

Und auch, weil ich vermute, dass der Buchstabe mich
zu je anderen Orten führt, je nachdem, ob ich
auf dem sandigen Boden durch ihn hindurch gehe
oder aber von seinem Mittelsteg auf die andere Seite springe.

Also einen Moment lang noch den warmen Stein des Mittelsteges
unter den Fußsohlen spüren,
einen Moment lang im Stehen leicht vor und zurück wippen
und dann kopfüber springen –
zu den Gestalten und Orten, die während meines Sprunges
sich hinter dem Buchstaben zu formen beginnen?

Oder doch lieber noch einmal auf dem Mittelsteg liegen,
ein Bein auf der einen Seite des Tores, eines auf der anderen,
um noch einmal die Ornamente zu betrachten,
die sich in der Spitze des Buchstabens umeinander ranken,
Drachenhäupter, steinerne Lilien und Schnörkel,
oder um mit geschlossenen Augen noch einmal den Wind
über die Reliefs hinweg streichen zu hören?

Blau

Tiefes, bebendes Blau,
ein Murmeln
vom Schlingern traumroter Korallen
ein Blau, das sich öffnet und weitet,
das erst entsteht, wenn ich mich hineinstürze,
und ich stürze mich hinein, springe kopfüber,
im Wissen, dass ich weich landen, dass ich nicht landen werde,
Sinken und Stürzen,
Fallen und Schweben werden eins,

eins mit dem Blau,
das mich ganz umfängt
und sich weitet,
ein Blau, durch das die Wellen eines Klanges ziehen,
ein Blau, das zu meinem Atem wird
und zu einer Stimme,
in die ich hineinstürze,
umflossenes Fallen und Schweben,
haltloses Blau.

In meinem Kinderzimmer

In meinem Kinderzimmer sitze ich auf dem Teppichboden,
rot und violett schimmernder Lichtstaub wirbelt vor dem Vorhangstoff,
aus den Ecken wabert ein Weißgrau, das sich um sich selbst dreht,
das ausfranst und sich im Zimmer verbreitet,
ich greife nach einem Stift, halte ihn fest in meiner Hand
und setze dann einen Strich auf das Papier.
Ein farbiger, dicker Strich, der jetzt da ist, ganz da ist, und da bleibt.
Noch ein Strich und noch einer, ein Buchstabe, das große A, dunkelblau,
mit dickem Holzmalstift, die breiten Striche in sich gemasert, wie Holz,

ein Holzbuchstabe, den ich in meiner Hand spüre, in meinem Mund,
ein Holzbuchstabe, dessen Maserung ich mit meiner Zunge erkunde
und in den ich meine Zähne schlage.
Aus dem Papier tauchen weitere Linien auf, die ich mit dem Stift nachziehe,
gebogene Linien, Bögen, das große B, ein Ball, ein bunter Ball,
den ich springen sehe und auf dem Asphalt dopsen höre,
ein bunter praller Ball, mein Mund voll B und A,
fest unter meinem Biss
und ganz sicher da.

Wer weit in diesen Garten hineingeht

Wer weit in diesen Garten hineingeht, bis dorthin, wo das Gras höher wächst,
wo Wurzeln sich über den Boden ziehen und Unkraut sich im Wind wiegt,
und wer dort dann mir begegnet, der mag so oder anders auf mich schauen.
Ich habe schon die unterschiedlichsten Blicke auf mir gespürt, und oft
spüre ich sie wohl auch gar nicht, sondern nur die Wärme der Sonne, die
meine Bretter langsam weiter zerbröseln lässt.
Darf ich Sie dazu einladen, Ihren Blick auf mich zu entspannen?
Denn, um ehrlich zu sein, ich fühle mich ganz wohl, seit meine Bretter
nicht mehr so eng aneinander geschraubt sind, seit es Lücken zwischen

meinen Dachschindeln gibt, seit mein Dach und meine Wände durchlässig geworden sind.
Ich gehöre gerne dieser Welt außerhalb des Stabilen an, außerhalb all dessen, was auf festem Grund steht.
Denn welcher Grund ist schon wirklich fest und stabil?
Nicht, dass ich etwas gegen Illusionen hätte. Aber festgemauerte Illusionen? Oder fest zusammengeschraubte?
Ich mag sie luftiger, mit dem Hauch des Flüchtigen – so wie den Duft, der dort, wo meine Bretter und Schindeln rissig geworden und weggebrochen sind, durch mein Dach und durch meine Wände zieht, den weichen Duft der Obstbäume und den herberen von Buchs und Gras, so wie die Schatten und Sonnenflecken, die in meinen Innenraum hineinschwimmen und dort bisweilen

Säulen umeinander schwirrender Staubkörnchen aufsteigen lassen.

Ich gehöre, wie gesagt, gerne diesem Zwischenbereich an, dieser Welt all dessen, was nicht mehr oder was noch nicht endgültig definiert ist.

Denn ich weiß, was dieses Mädchen mit dem dunklen Schopf, das dort, wo es wohnt, immer irgendwo anstößt, immer irgendetwas umwirft, was dieses Mädchen immer wieder, an so vielen Nachmittagen, weit in diesen Garten hinein gehen lässt, bis dorthin, wo nicht gemäht ist und Unkraut sich im Wind wiegt, wo es lange im kniehohen Gras stehen bleibt, um mich zu betrachten.

Und vielleicht trägt es in seinem Haar, ohne davon zu wissen, einige Staubkörnchen meiner langsam zerbröselnden Bretter mit zu sich nach Hause, wo sie nachts auf sein Kissen rieseln und durch seine Träume schweben.

Buchstaben
zu schreiben
heißt, eine
Windorgel
zu bauen.

Am Fluss, natürlich am Fluss

Am Fluss, natürlich am Fluss. Wo sonst hätte ich ihn finden können, diesen Kiesel? Diesen hellen Kieselstein mit dieser eigenartigen Zeichnung, von der mir sofort klar war, dass sie einen Buchstaben darstellen musste, einen Buchstaben eines mir allerdings unbekannten Alphabetes.

Ich drehte und wendete den Stein in der Hand, fuhr mit den Fingerspitzen über die Zeichnung, hielt den Stein in meiner geschlossenen Hand und spürte dem kleinen Gewicht nach, welches das Schlenkern meines Armes und damit den Rhythmus meiner Schritte um ein klein wenig veränderte, während ich weiterschlenderte, am Fluss, natürlich am Fluss.

Wie oft habe ich diesen Kiesel seither in meiner Hand gehalten, gedreht und gewendet, versuchsweise auch in den Mund genommen. Er schmeckt, wie Steine eben schmecken, ein bisschen nach Brackwasser, ein bisschen nach Sand, und manchmal meine ich, auch ein bisschen nach Salz und Meer, aber das ist wahrscheinlich nur eine Einbildung.

Keine Einbildung aber ist, und da bin ich mir ganz sicher, dass es sich bei der Zeichnung auf dem Stein um einen Buchstaben handelt, auch wenn ich nicht weiß, welchen Alphabetes.

Ein Buchstabe beunruhigt. Ein Buchstabe muss gelesen werden.

Ein Buchstabe ist doch der Anfang von etwas. Oder die Mitte. Oder vielleicht sogar das Ende. Und mit diesem Buchstaben ist es sogar noch schlimmer.

Denn ich weiß, dass es ein Buchstabe meines Namens ist. Meines Namens, den meine Mutter versäumt hat auszusprechen, aus Zerstreutheit vielleicht, und der irgendwo in einem mir unbekannten Text geschrieben steht. Und es ist klar, dass dieser Buchstabe, als ein Buchstabe meines Namens, auch in der Geschichte meines Lebens vorkommen muss, mindestens 11 mal, das ist mir vollkommen klar. Und damit ist auch klar, dass es meine Aufgabe ist, ihn zu entziffern, zu lernen, ihn zu lesen – dass ich mir dies zur Aufgabe machen musste, daran habe ich niemals gezweifelt, jedenfalls nicht im Ernst und auch nie wirklich lange.

Bisweilen ist mir auch, als hörte ich, wenn ich das Zeichen anschaue, einen Klang, keinen, den ich nachahmen könnte, keinen, zu dem ich ganz hinfände.

Der Buchstabe ist mir fremd. Und ich habe es mir zu meiner ersten Aufgabe gemacht, vertrauter mit ihm zu werden, indem ich ihn schreibe und wieder schreibe, dem Schwung seiner Linien nachspüre und andere Zeichen daneben setze, die sich gut zu ihm fügen, die er sozusagen zu sich ruft. Kann sein, dass ich Teile meiner Geschichte damit schon geschrieben habe, denke ich manchmal, aber dann wird mir klar, dass ich den Buchstaben noch immer nicht gut genug kenne und mich weiter üben muss. Und so verwische ich, was ich vor mir in den Sand gezeichnet habe, wieder mit der Spitze meines Spazierstocks und setze von Neuem an.

Es ist eine interessante Forschung, mühsam, aber interessant, und wohl schwer nachvollziehbar für euch, die ihr mich hier sitzen seht, Tag für Tag auf derselben Parkbank, einen Menschen, so muss es wohl für euch aussehen, der nichts anderes tut, als nahezu reglos herumzusitzen, vor sich auf den Boden zu schauen und mit der Spitze seines Spazierstocks durch den staubigen Sand zu fahren.

Doch in meiner anderen Hand, in der Jackentasche, ruht der Kieselstein, den ich damals gefunden habe, am Fluss, natürlich am Fluss, und so weiß ich mich, wenn auch fern aller Klarheit, doch meiner Geschichte nah, einem Abend am Fluss und meinem Namen.

Ein Riss

Ein Riss,
ein flammender Riss,
eine blendende Spiegelung,
eine Spiegelung, die wieder nur für einen Moment
mein Sehen in Schwärze taucht,
es regnet,
der Regen soll das Bild wegwaschen,
aber er wäscht es nicht weg,

dieses Bild, in das ich mir einen Riss hineinsehne,
es taucht wieder und wieder auf,
aus dem regennassen Asphalt,
wann immer es regnet,
wo auch immer ich gehe.

Was noch zu sagen wäre

Was noch zu sagen wäre
von dem samtigen, von dem mit der Gerbsäure,
von dem mit dem Karamellgeschmack,
von dem, der dir erlaubt, den fließenden Schimmer auf dem Rand des Glases und
transparente Farben zu sehen, die aus dem Halbdunkel auftauchen,
von dem, der das Wissen durch deine Adern fließen lässt,
dass Geschichten Lügen sind,
dass die Gewalt, mit der eine Handlungslinie gezogen wird, eine Lüge erschafft,
dass die Linien schlingern und verschwimmen sollen,

dass es gut ist, die Geschichten aus deinen Adern waschen zu lassen
von diesem flüssigen Dunkelrot,
das so viele Farben in sich aufnehmen kann.
Fließen sollen sie, die Farben,
herausfließen aus den Handlungsrahmen,
die um sie herum gezimmert wurden,
schwappen sollen sie in dem dunklen Rot,
hin und her schwappen,
bis allmählich die Farbschichten,
eine nach der anderen,
aus deinem Glas aufsteigen,

leicht und transparent sich in die Luft erheben
und schwerelos umeinander kreisend
jedem Zugriff entschweben,
aber wiederzufinden sind
bisweilen,
wenn du bei Kerzenlicht am Küchentisch
deinen Blick eintauchen lässt
in das tiefe dunkle Rot
und den von ihm getragenen
flackernden Widerschein.

Die Buchstaben
eines Namens sind wie
Zinnen
einer Festung.

die den Klang
des Regens
formen,
der auf sie fällt.

Wer dem Blütenschnee lauschte

Wer dem Blütenschnee lauschte, der würde darin, ganz von ferne,
eine Musik, ein klingendes Murmeln hören, ein Orchester,
in dem die Instrumente gestimmt werden, einzelne ihre Solo–Parts üben,
Glissandi hinauf und hinunter,
denn der flüchtige Schatten, der durch die Blüten huscht,
und im Vorüberwehen bizarre Muster auf sie zaubert,
hat beschlossen, heute Abend sein Figurentheater zu öffnen:
Piraten, Kähne, singende Seekühe, Kämpfe um eine Fracht geraubter
Granatäpfel, hölzerne Puppen mit klappernden Gliedern,
die von dünnen Lakritzfäden bewegt und gehalten werden.

Aus Lakritze sind auch die Ornamente am Podest und an den seitlichen Säulen
der Holzbühne, mattglänzende Mäander, Schnörkel und Ranken.
Wenn die Zuschauer sie abgepflückt und gegessen haben
und der Puppenspieler ihnen dann auch die Lakritzfäden, an denen
die Gliederpuppen hängen, zum Verzehr überlässt,
dann werden die Marionetten sich von alleine zu bewegen beginnen
und sich ihrem mit hölzernem Geklapper unterlegten
wilden und graziösen Tanz hingeben.

Und aus dem Wappenschild am Bühnenfirst wird der kleine Pferdekopf
herausschauen, dessen Stirnfransen, von einem Wind erfasst, zu
flattern begonnen haben, wird seine großen sanft schimmernden Augen
aufschlagen und durch den dunklen Zuschauerraum ein Lächeln wie einen
durchscheinenden Schleier wehen lassen, dann,
wenn wir alle längst in tiefen Schlaf gesunken sind.

Lettered Olive

(”Lettered Olive” ist die englische Bezeichnung für “Oliva sayana”, eine Meeresschnecke.)

Ein Raum, ein Zimmer, das noch kein Zimmer ist, ein Raum mit nur zwei Wänden, in einem Rohbau, vierte Etage. Auf dem Betonboden liegt ein schwarzer, abgeschabter Pappkoffer, und auf dem Koffer eine Muschel.
Ich sitze auf einem Sack Zement, dem Koffer schräg gegenüber, und betrachte dieses verhalten schimmernde Gebilde aus Perlmutt.
Eine warmweiße, sich um sich selbst biegende Wand, und auf dieser, mit hellerem und dunklerem Braun gezeichnet, Linien und Bögen, Aufschwünge und Abschwünge, stellenweise verwischt, eine hingehauchte Schrift.

Doch die Schriftzeichen und Zeilen verschließen sich vor mir, vergebens versuche ich, sie miteinander zu verbinden, sie zu durchdringen und zu entschlüsseln.
Ich sitze der Muschel gegenüber, ohne meinen Blick von ihr wenden zu können, gebannt von dem Muster der aneinandergereihten Zacken und Wellen, Unterlängen und Überlängen, von diesem Gefüge aus Zeichen, das außerhalb einer Bedeutung liegt, und getrieben von dem Verlangen, sehen zu können, worauf die Schrift verweist.
Eine Schrift ist doch dazu da, gelesen zu werden, und Muster aus Strichen und Bögen sind doch eine Schrift – oder?
Es gibt berechtigte Zweifel daran, ich weiß.

Aber bisweilen, wenn nachts auf der Baustelle noch gearbeitet wird, wenn die Kräne langsam ihre Arme schwenken, streifen ihre Scheinwerfer auch über das gewundene perlmutterne Gehäuse, und für Momente habe ich schon gesehen, wie dann die Zeichen beginnen zu fließen – und wenn ich lernen könnte, ihrem Fließen zu folgen, dann würde es mir irgendwann vielleicht doch noch gelingen, sie zu lesen.

Klar ist mir nur, dass es dazu eines schwankenden, flüchtigen Lichtes bedarf, und manchmal schon streifte mich die Frage, ob die Striche und Bögen vielleicht nur in einem halbblinden, leicht verzerrenden Spiegel als Schrift zu lesen seien.

In jedem Fall aber weiß ich, dass ich mit diesem sich aus sich selbst herauswindenden Gehäuse hier am richtigen Ort bin, in diesem Raum mit nur zwei Wänden, dass wenn überhaupt, dann nur hier, in diesem Rohbau, irgendwann einmal diese Schriftzeichen zu lesen sein werden.

Sollen andere

Sollen andere von Küssen schreiben,

ich schreibe von Aprikosen.
Von einem nächtlichen Halbdunkel,
in dem ein aprikosenfarbenes Licht
sanft hin und her zu schwappen beginnt.

Sollen andere sich Postkartenmotive
für das Buch ihres Lebens zusammensuchen,
das Haus am Meer, die jasminüberwachsene Terrasse
und den Klang von Mandolinen,

ich schreibe von einer schneebedeckten Stadt,
von einer Straße und einem Platz in der Wintersonne –
gelbliches, wie durch Milchglas gedämpftes Licht,
ein roter Kirchturm und eine Kirchturmuhr
mit einem Ziffernblatt ohne Zeiger.

Sollen andere Posen in goldglänzende Blechplatten prägen,

ich schreibe von einem jungen Lachen in der Nacht,
das mich einen Bogen
schiefstehender Zähne sehen ließ,
von einem Flattern und Schlingern –

Sollen andere sich bemühen, kunstvoll geschmiedete Rahmen zu füllen,

ich sitze am Küchentisch und schaue aus dem Fenster,
die Kirchturmuhr ist noch immer ohne Zeiger,
es ist Zeit,
Zeit,
die jetzt,
wenn du klingelst,
beginnt, sich zu öffnen.

Da ist einer

Da ist einer, der die Farbe hellen Sandes hat,
genauer gesagt, die Farbe des Sandes, über den im Licht der Septembersonne
noch einmal ein leichter Sommerwind streicht.

Unter Mittag zeichne ich in den warmen Sand einen Fisch.
Wenn der Abend kommt und die Sonne sich neigt,
füllt sich die Zeichnung mit Farbe.

Der Fisch steigt auf und schwebt im Himmelsblau über den Dünen.

Seine für die Flossen stark gezackten Umrisslinien verstärken sich,
ebenso wie die Farben, die nun umeinander zu fließen beginnen:

ein warmes Rot und ein tiefes, dunkles Blau,
durchzogen von hauchdünnen Linien zitternden Lichts,
das hier und dort die Umrisslinien streift,
die dann schimmernd vibrieren.

Langsam schwebt der Fisch
am dunkler werdenden Abendhimmel aus meinem Blickfeld.

Aber nachts in der halbdunklen Küche,
im Licht der Straßenlaterne,
rinnt aus meinen Schuhen und Kleidern
körnig und zart, hell und seidig
der Sand.

die Taue gelöst zu haben

Welches Buch ich am meisten liebe?
Ich liebe nur ein einziges Buch.
Und zum Glück wird dieses Buch immer wieder geschrieben,
von unterschiedlichen Schriftstellerinnen und Schriftstellern,
die ihm die unterschiedlichsten Titel geben.

Auf dem Bett zu liegen und dieses Buch aufzuschlagen heißt,
auf einem Floß zu liegen, die Taue gelöst zu haben, davon zu treiben,
und ab und an leise Wellen an das Holz schlagen zu hören.

Das Buch aufgeschlagen zu haben heißt, den Blick über die weiße
Zimmerwand wandern zu lassen, bis die anfangs kaum merklichen
Schattierungen des Weiß immer deutlicher hervortreten
und ich in sie hinein versinke.
Dieses Buch zu lesen heißt auch, es immer wieder langsam zu schließen
und dem Schimmer, der über den Umschlag fließt, mit den Augen zu folgen.

Die Buchstaben, denen ich in diesem Buch begegne, sind Baumstämme,
zwischen denen ich umhergehe, die zu Wäldern werden, die ich durchstreife
und die sich auf nie zuvor gesehene Landschaften öffnen.

Andere Buchstaben sind Tore, durch die ich hindurchgehe,
Fenster, durch die ich hindurchgleite, ovale und runde Rahmen,
durch die ich mich kopfüber stürze.
Ich schwebe und stürze und tauche hinab zum Unterwasserpalast,
wohin ich zum Ball geladen bin. Algen hängen an den Kronleuchtern,
und die Wände sind aus roten Korallen.

Dieses Buch zu lesen heißt, zu tauchen und zu schwimmen,
zu fließen und von den Wellen getragen zu werden.
In dem Buch, das ich liebe, ist Lesen Atmen,
und die erzählten Geschichten geben dem Atem
Rhythmus und Farbe.

Ein Text, sagt Ruja, ist eine Stadt

Ein Text, sagt Ruja, ist eine Stadt – eine Stadt, die nur dafür erbaut ist, den Wind einzufangen, eine Stadt, deren Häuser dazu errichtet, deren Straßenzüge dazu angelegt wurden, den Klang des Windes zu formen. Die Häuser mit ihren Dächern, Schornsteinen, Erkern und Balkonen, mit ihren Gartentoren und Wasserhähnen im Hinterhof, ihren Schaukeln und Klettergerüsten im Garten, die Straßen mit ihren Ampeln, Verkehrsschildern und Straßenlaternen, die Staffeln, die von einer Straße zur anderen führen, mit ihren Stufenkanten, mit ihren Eisengeländern und den Ornamenten, mit denen diese versehen sind –

über all dies streicht der Wind, weht durch Gerüste, Zäune, Balustraden und Treppengeländer hindurch und erhält so in dieser Stadt genau diesen Klang, der verwoben ist mit dem Klang deiner Schritte, wenn du durch diese Stadt hastest, durch diese Straßen schlenderst, jetzt dort um diese Ecke biegst.

Es gibt eine Stadt, in der Straßen dafür angelegt werden, Häuser genau dafür gruppiert werden, dass du zwischen zwei Häusern eben noch etwas verschwinden siehst, ein Stück von einem Mantel, das Rücklicht eines Rollers, Häuser, die genau so zueinander stehen, dass du zwischen ihnen eben noch, einen Moment lang, ein paar Schalfransen siehst, Mauern, die genau so viel Abstand zueinander haben, dass du hinter ihnen Gärten erahnen kannst, in denen Rasensprenger langsam einen Bogen schillernden Sprühregens hin und her schwenken, Häuser, hinter denen am Morgen, aufgefangen von Grashalmen, schimmernde Tautropfen zu finden sind, oder eine im Gras vergessene Trillerpfeife, Häuser, an denen du vorübergehst, bis du bei einem innehältst, unter deiner Hand die eiserne Klinke des Gartentors fühlst und mit dem ersten Schritt hinein für alle Fragen nach Richtung und Ziel auf immer verloren bist.

Gluthitze

Gluthitze, Hitze, die von dem Stein, auf dem du liegst, in deinen Rücken, in
deine Knochen zieht, ein Flirren in der Luft, in deinen Augen, und wenn jetzt
eine Eidechse aus dem Gebüsch hervorschnellt – du kannst tausendmal sagen,
mit Eidechsen habest du nichts, aber auch gar nichts, zu tun –, dann wirst du
ihr folgen, wirst in die Richtung laufen, in der du sie hast verschwinden sehen.
Kakteen, gekrümmte Pinien, von der Sonne versengter Thymian, für Momente
ein heißer Wind, der den Duft von Harz zu dir trägt und von überreifen Feigen,
hier und dort wildwachsende Olivenbäume mit silbrig schimmernden Blättern,
und unvermutet, umgeben von Ahornbäumen, die hier so niedrig wachsen,
ein kleines Haus mit einem flachen Dach und mit einer offenstehenden Tür.

Du gehst näher heran, versuchst, in den halbdunklen Raum hineinzuschauen, einen Moment lang und noch einen, und trittst schließlich über die steinerne Schwelle.
Zitterndes Sonnenlicht und flackernde Schatten mit fließenden Umrisslinien gleiten über den Boden, über zwei der Wände und über eine steinerne Treppe, die unter der Decke des Raumes endet.
Du setzt dich auf eine der Stufen, tauchst ein in dieses zitternde Fließen, stützt deine Arme auf die Stufe hinter dir, lehnst dich zurück und lauschst. Schräg gegenüber von dir ist ein Fenster ohne Rahmen und Glasscheibe, nur eine Aussparung in der Mauer. Nie zuvor hatte das Rauschen des niedrigen Ahorns einen solchen Klang wie hier.

Du stehst auf, gehst an das Fenster, und jetzt siehst du, dass jemand die Aussparung in der Mauer mit Ornamenten versehen hat – aus dem Stein herausgemeißelte Blätter, ineinander verschlungene Zweige und kleine runde Früchte, die hier und dort aus dem steinernen Laub hervorschauen.
Du streichst mit den Fingerspitzen über die Poren des warmen Steins, über Erhebungen und Vertiefungen, und entdeckst, hinter dem Laub und mit ihm verwoben, eingemeißelte Schriftzeichen, gerade und schräge Linien, Zacken, Halbkreise und Kreise.
Warum hier? Sind es Worte, die so schwer auszuhalten sind, dass jemand sie nur hier aufschreiben wollte, um sie vom Rauschen des Ahorns und von den Düften des Spätsommers umweht zu wissen, die über die Kanten ihrer Buchstaben streichen?

Das einzige, was du sicher weißt, ist – und du kannst tausendmal sagen, so sicher sei das nun auch wieder nicht –, dass du hierher gekommen bist, um diese Schriftzeichen zu entziffern.
Du trittst einen Schritt zurück, gehst dann wieder zum Fenster, betrachtest, wie das Sonnenlicht über die Reliefs fließt – siehst draußen eine Eidechse sich auf einem heißen Stein sonnen, ohne dir auch nur das geringste Zeichen zu geben – , trittst wieder einen Schritt zurück in den halbdunklen Raum, und noch einen, und bemerkst erst jetzt auf dem Boden, nahe dem Fenster, ein Set von Meißeln samt einem Hammer.
Du bückst dich, greifst nach den Werkzeugen, wiegst den Hammer und einen der Meißel in deiner Hand – und legst sie langsam zurück auf den Boden.

Noch – so viel weißt du –, noch ist es zu früh.

Schließ die Augen und lausche, atme noch einmal den Geruch ein, der von draußen hereinweht, von gärenden Feigen, von Harz und vertrocknetem Thymian, streich noch einmal mit den Fingerspitzen über die steinernen Muster, über Einkerbungen und Erhebungen, über harte und bröckelnde Kanten, und wenn deine Finger beginnen zu verstehen, wenn es dir nach und nach gelingt, diese Buchstaben zu lesen, dann wirst du wissen, dass du hierher gekommen bist, um diese Schrift weiterzuführen, den nächsten Halbsatz zu schreiben, das nächste Wort.

Dann nimm dir den Hammer und einen Meißel, wiege sie noch einmal in deiner Hand, und dann – –

[ˈübersetzen]

Barken, schaukelnde Mondbögen,
das blaue Mondlicht, in dem sich aus schwimmenden Linien
ein Bild formt und zu atmen beginnt,

übersetzen in blauem Mondlicht,
das gelassene, stille Plätschern,
wenn das Ruderblatt in das weiche Wasser gleitet,

wenn Tropfen mondbeschienenen Flusswassers
in den dunklen Spiegel fallen und das nassglänzende Blatt
von Neuem in die Tiefe taucht.

Manchmal genügt es,
den ersten Buchstaben
zu schreiben. –
Schon hast du
ein Dach über dem Kopf,
Ausklapptisch inklusive,

und kannst einfach abwarten,
wer hier vorbeikommen wird,
wer länger bleiben
und wer dir
Teile seiner Geschichte
erzählen will.

Bitte

Weiß siehst du mein Fell schimmern, aus dem Rauschen und Murmeln hast du mich herausgaloppieren hören, für Momente siehst du, wenn Sonnenlicht durch das dunkle Laub gleitet, seinen Widerschein über meine Mähne, mein Fell und über meine Hufe zittern – und, bitte: Tritt einen Schritt zur Seite!
Bitte!
Alles, alles, finde ich in mir selbst, den fließenden Schimmer, das Murmeln der Quellen tief in den Wäldern und den samtigen Geschmack der Beeren, die dort im Dunkel verborgenen sind – nur rennen muss ich können, galoppieren, über diesen Waldweg, über die Lichtung und dann weiter und weiter.

Daher, bitte, geh mir aus dem Weg! Wenn du gemächlich auf diesem Waldweg vor dich hin trotten willst, geh einen Schritt zur Seite, lass mich vorbei!
Sonst muss ich dich mit meinen Hufen treten. Die silbrigweiß und zierlich sind, aber deren Schläge dir bitter weh tun werden. Das will ich nicht, das kann ich nicht wollen, das weißt du doch, also, bitte, lass mich vorbei, zwing mich nicht, dich zu treten.
Ich liebe es doch, die linde Luft eurer Waldlichtungen zu atmen, die mich an den Garten erinnern, in dem ich früher einmal gelebt habe, an diesen Garten, wo ein leichter Wind manchmal, hier und da, aus dem dunklen Laub
ein leuchtendes Rot auftauchen ließ, an diesen Garten, den ein Blau umfließt, das nirgendwo anders zu sehen ist.

Ob ich dorthin zurück will? Ich weiß es nicht, jetzt bin ich hier.

Und wirklich, ich liebe das singende Plätschern eurer Brunnen, eure befriedeten Haine, auch eure schönen Kleiderstoffe mit den geheimnisvollen Mustern, die ihr in sie einwebt und in denen ihr Wellenranken, Blüten und Fabelwesen ineinander übergehen lasst.

Manchmal suche ich deine Nähe und das Gespräch mit dir – aber, bitte, lass mir den Raum zum Rennen und zum Galoppieren, in dem allein dieses weiße Licht über mein Fell und auf den Weg unter meinen Hufen fließt, der sich immer weiter durch den Wald hindurchzieht, immer weiter in das murmelnde Dunkel hinein, weiter und weiter.

She

She knocks at my back door, I drop my fork – who cares about dinner when she
knocks? – and now we are running down the road, into the dark,
through a wall of coal into where the real dark begins to expand.
We fall through the ground, fall and fall and lose our form, and before we take
on a new one, we lose that one too – we fall and fall, leaning backwards, slowly
summersaulting, floating as if in water,

into colours I have always known,
but never seen
back there
where she once knocked at my door
– where have I tasted these colours before?
In our running and falling, in our slow summersaults, she and I,
we are these colours, are these fragrances,
expanding wider and wider,
much too wide to fit into any story at all.

A Marble

Whenever I open my hand
I find a marble
cooling transparent glass and
spinning around inside
colours collected on a bicycle ride.

Whenever I look into colourful light
I refind that marble

and closed and cherished inside
the attempt to ask if there ever might
come another summer bicycle ride.

Whenever I look at a marble
I refind the warmth of your skin
whenever I feel your hand touching mine
inside mine there's a marble
and inside that marble the spin
of something waiting to shine.

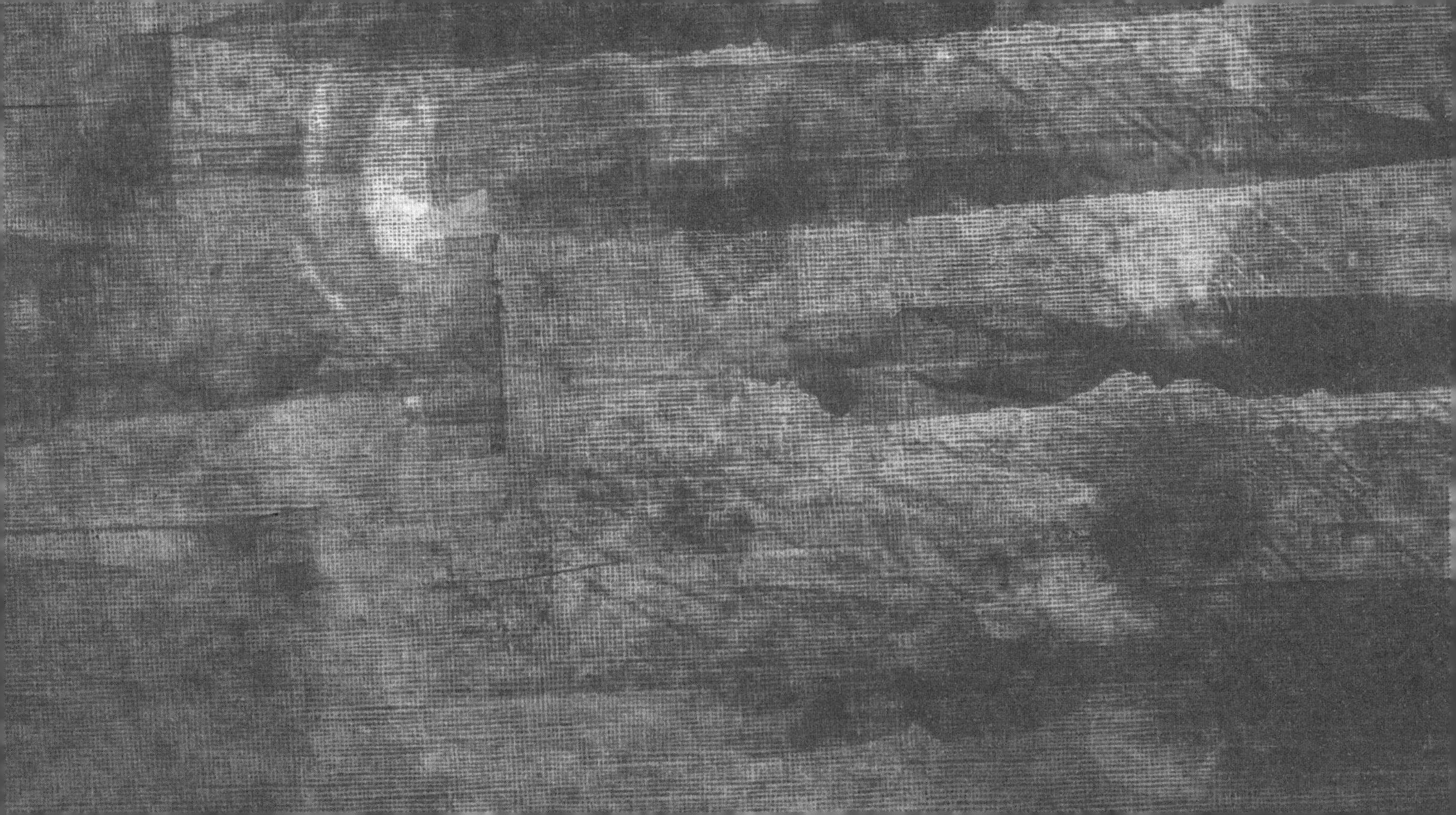